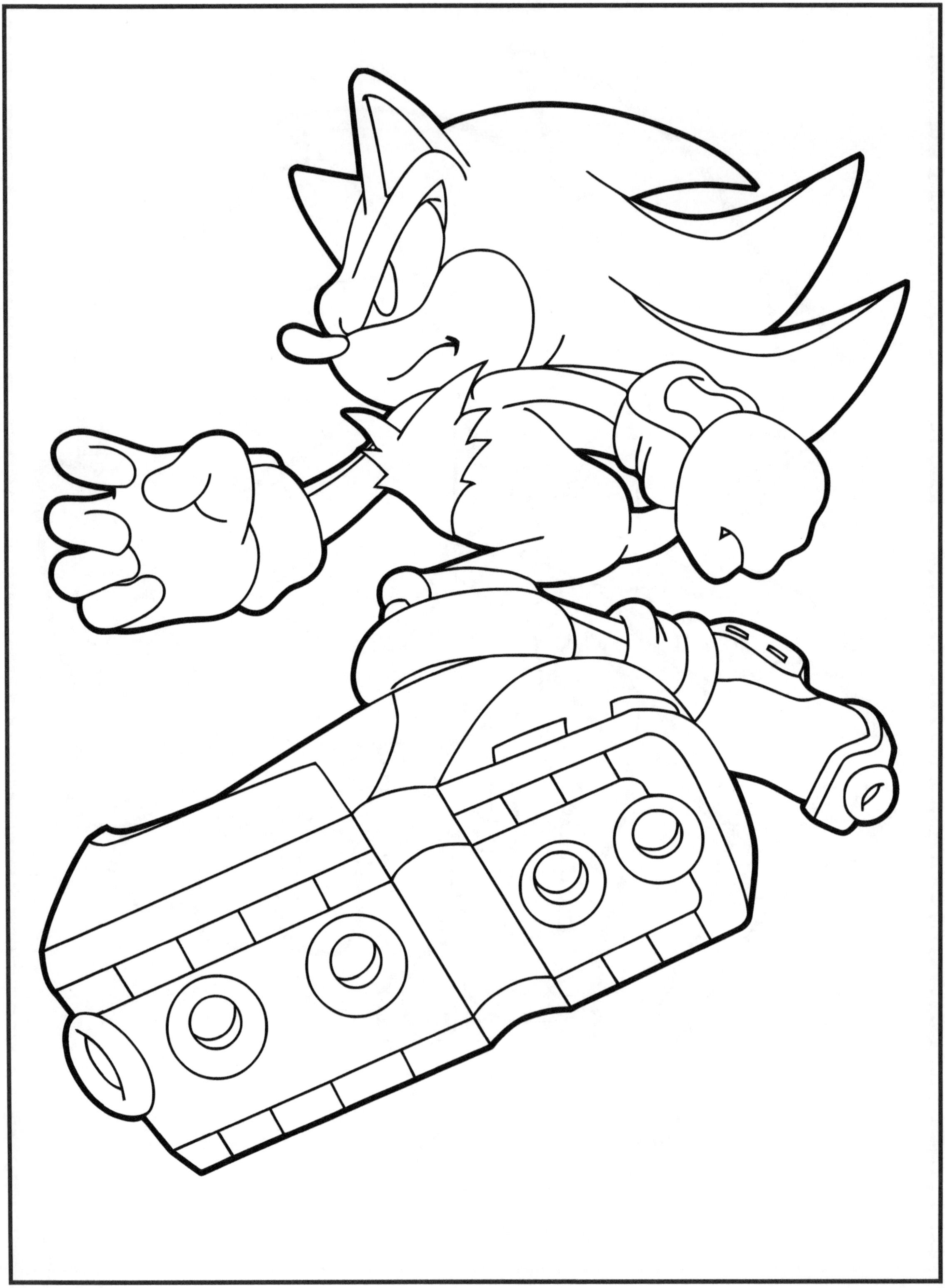

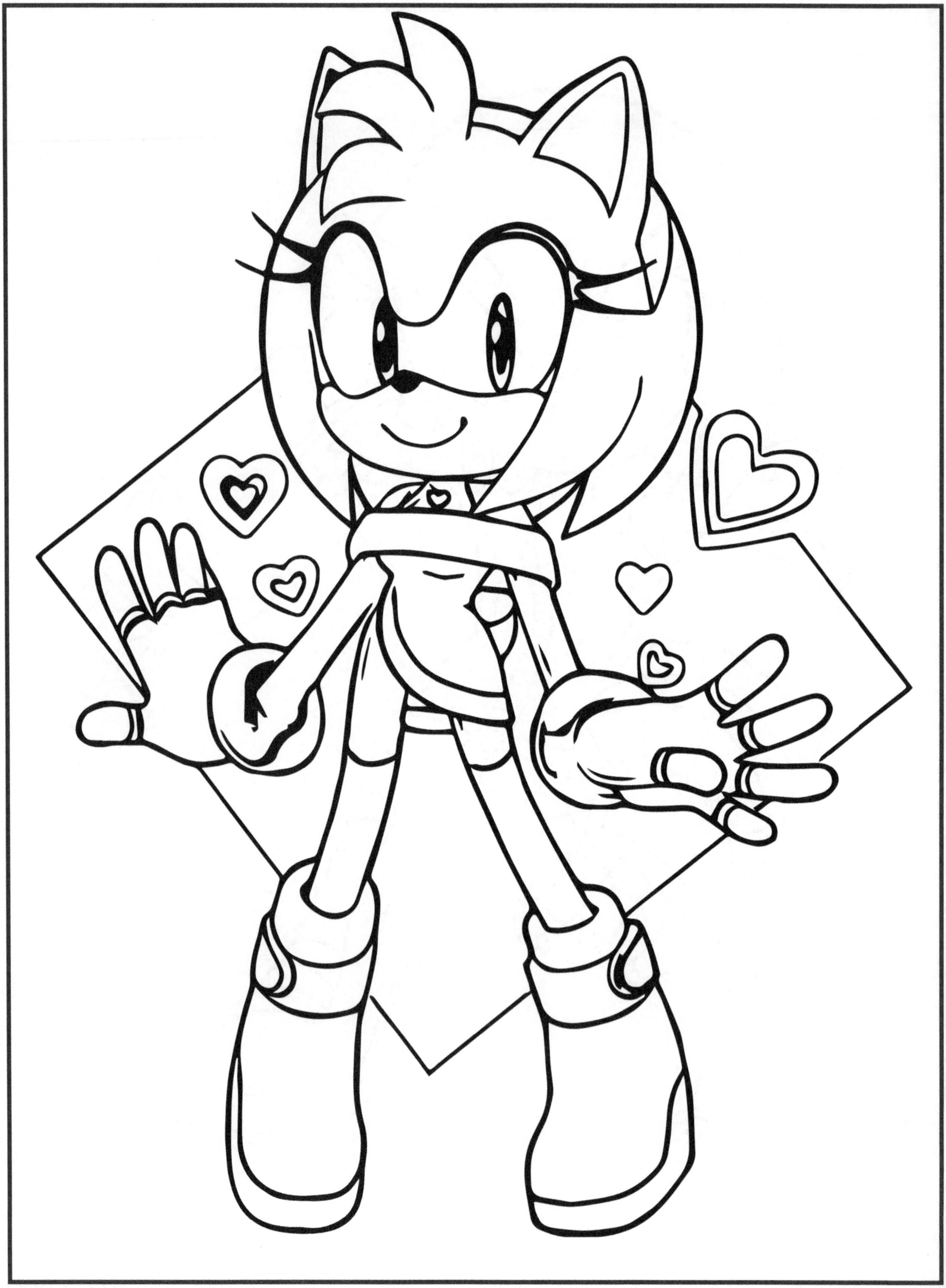

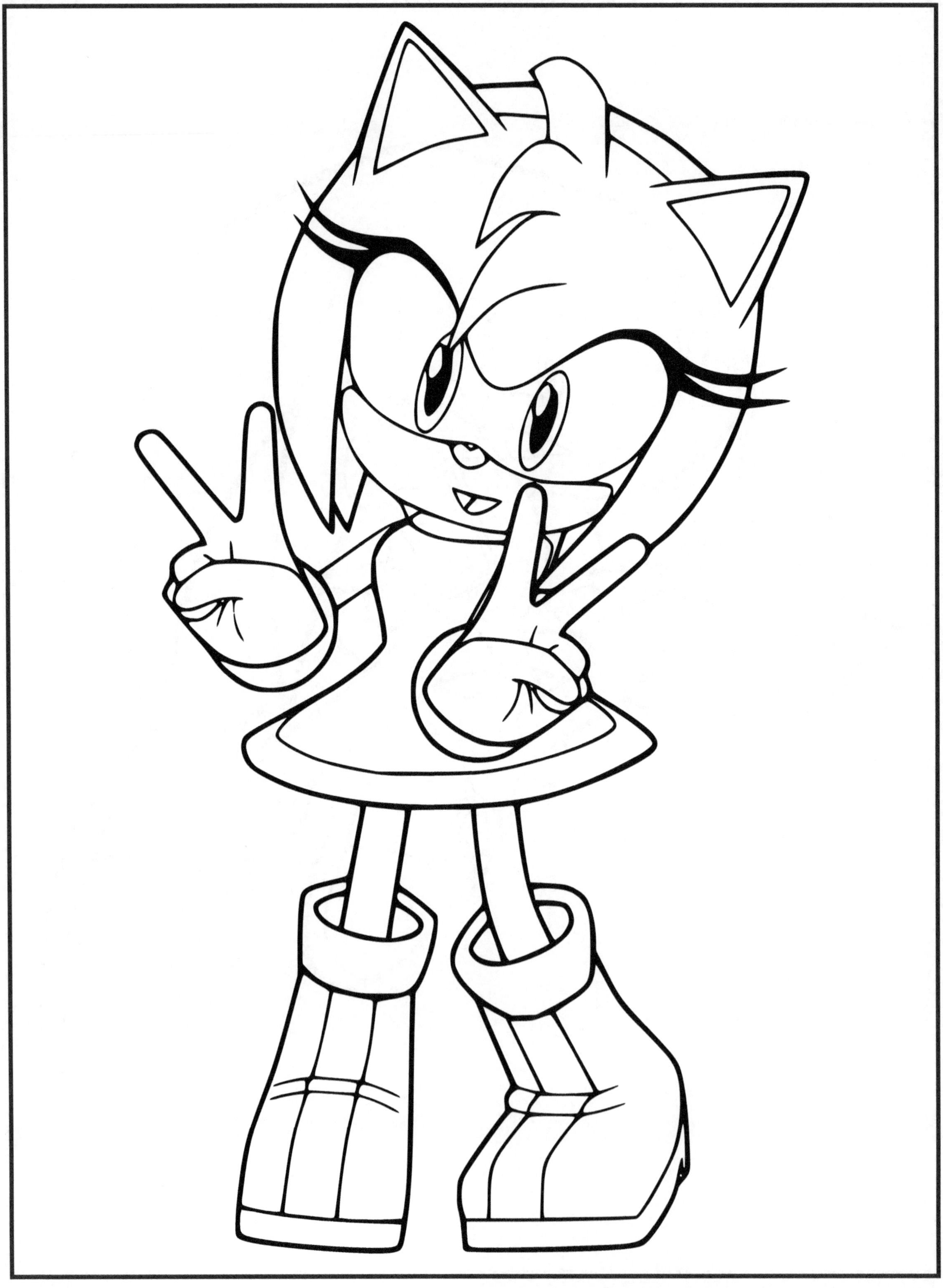

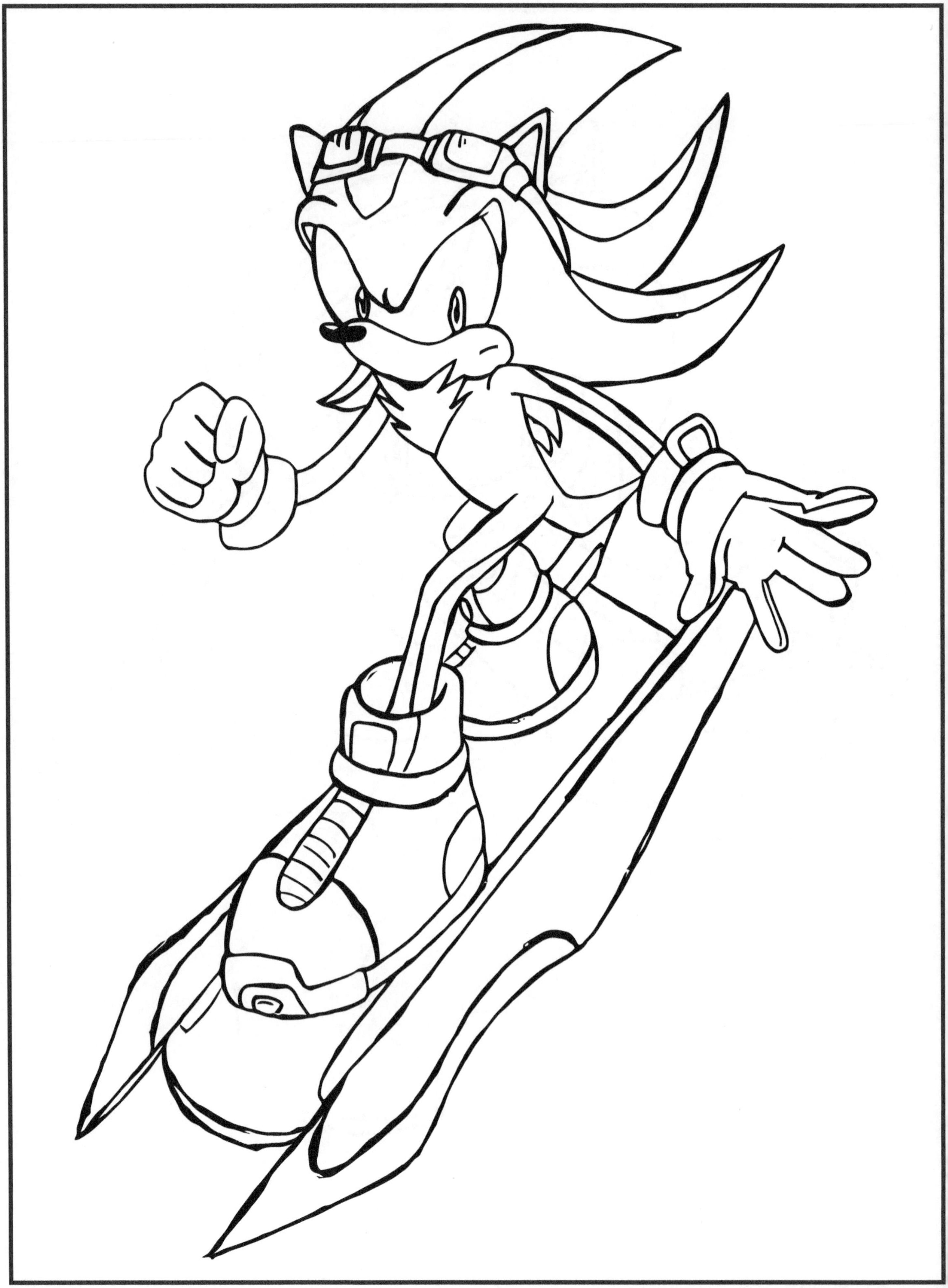

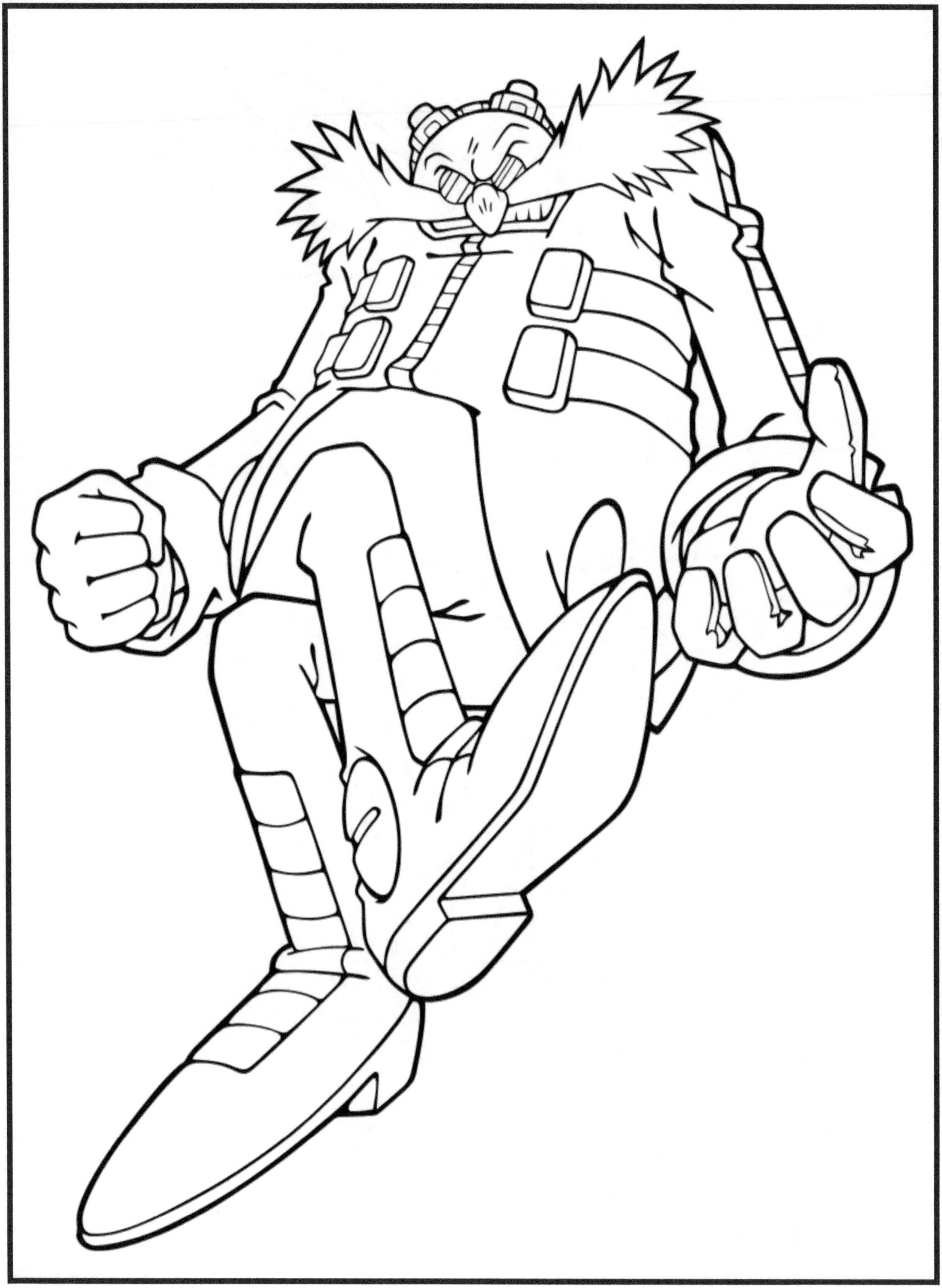

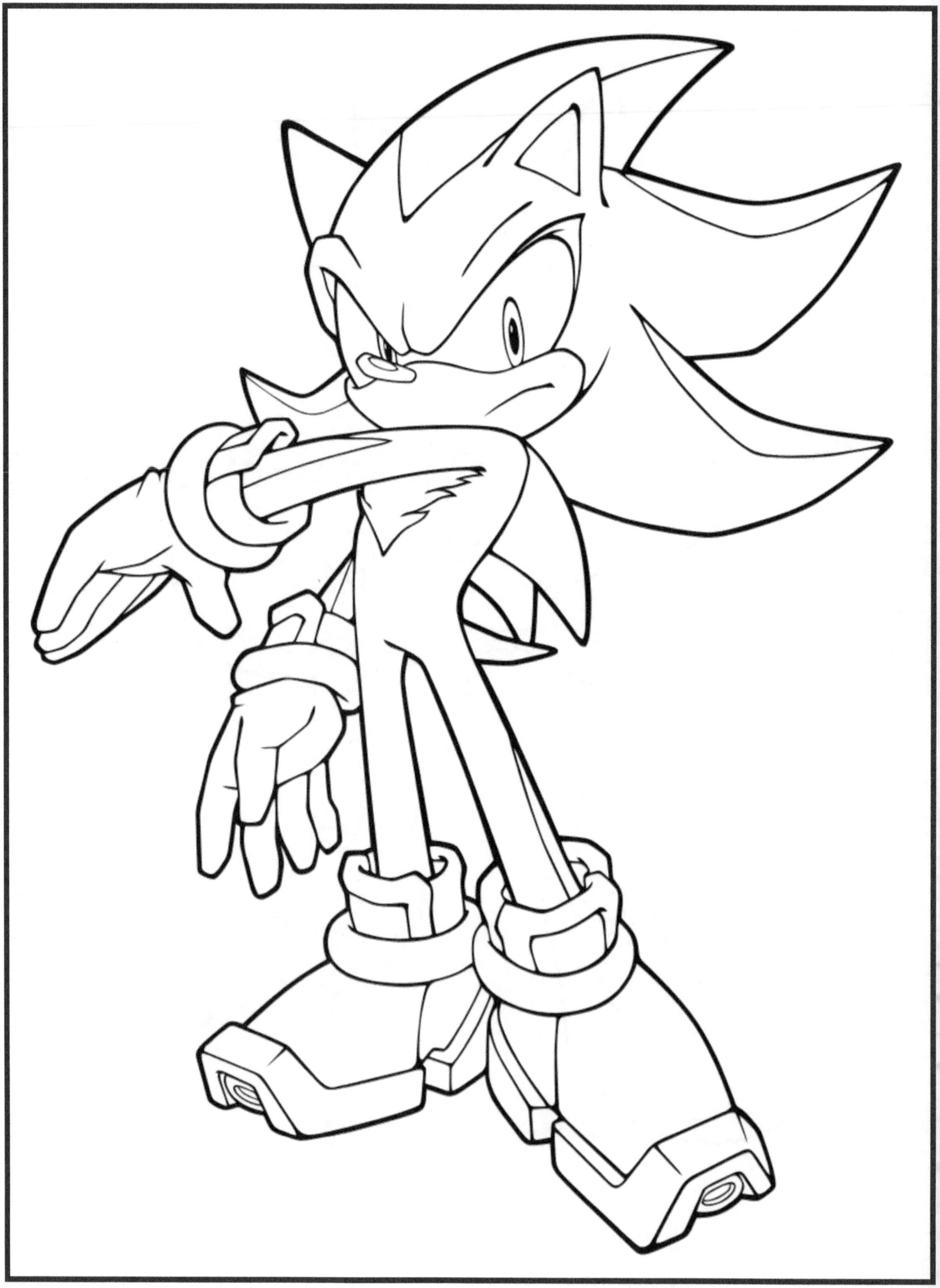

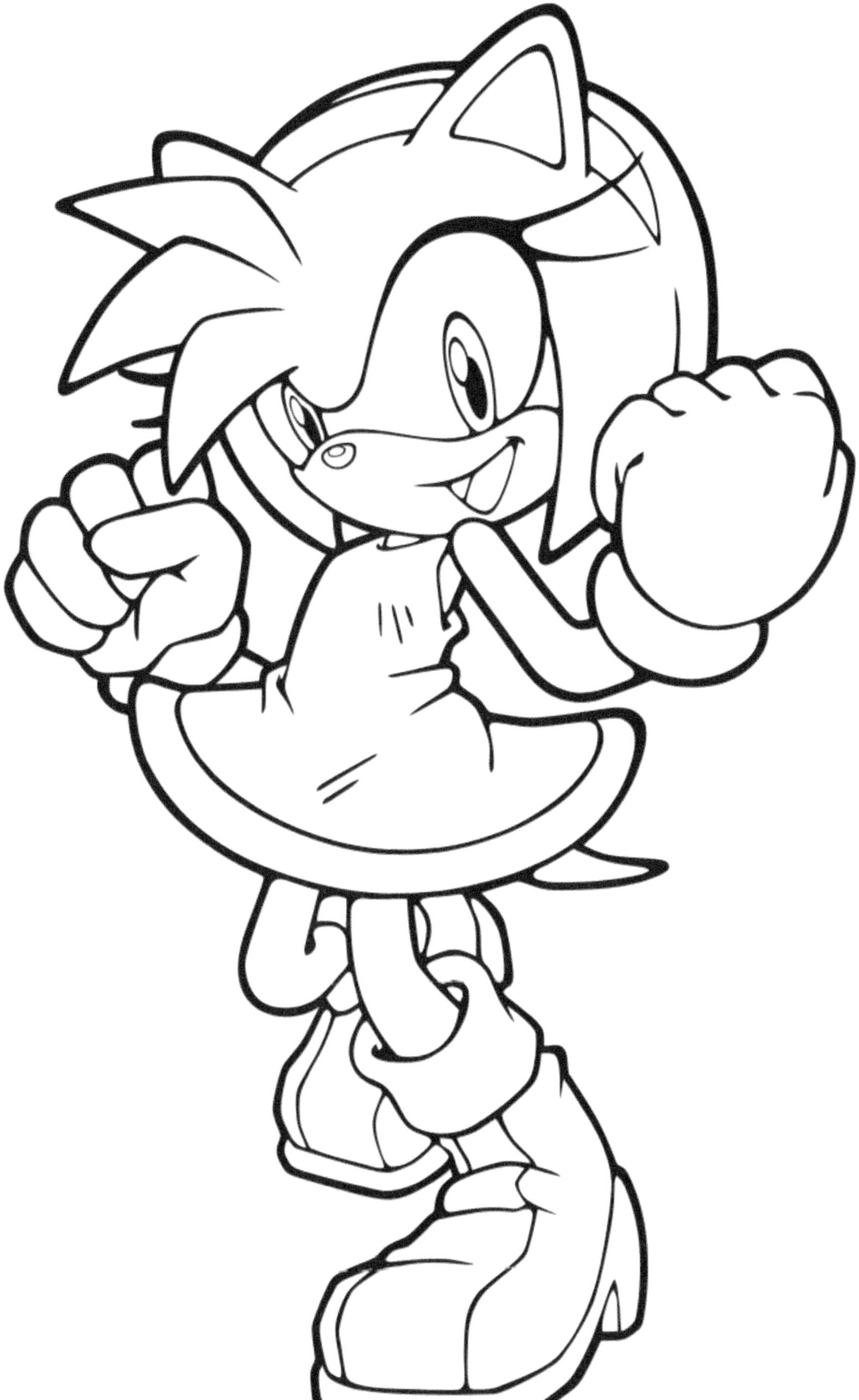

Printed in France by Amazon
Brétigny-sur-Orge, FR

18436025R10065